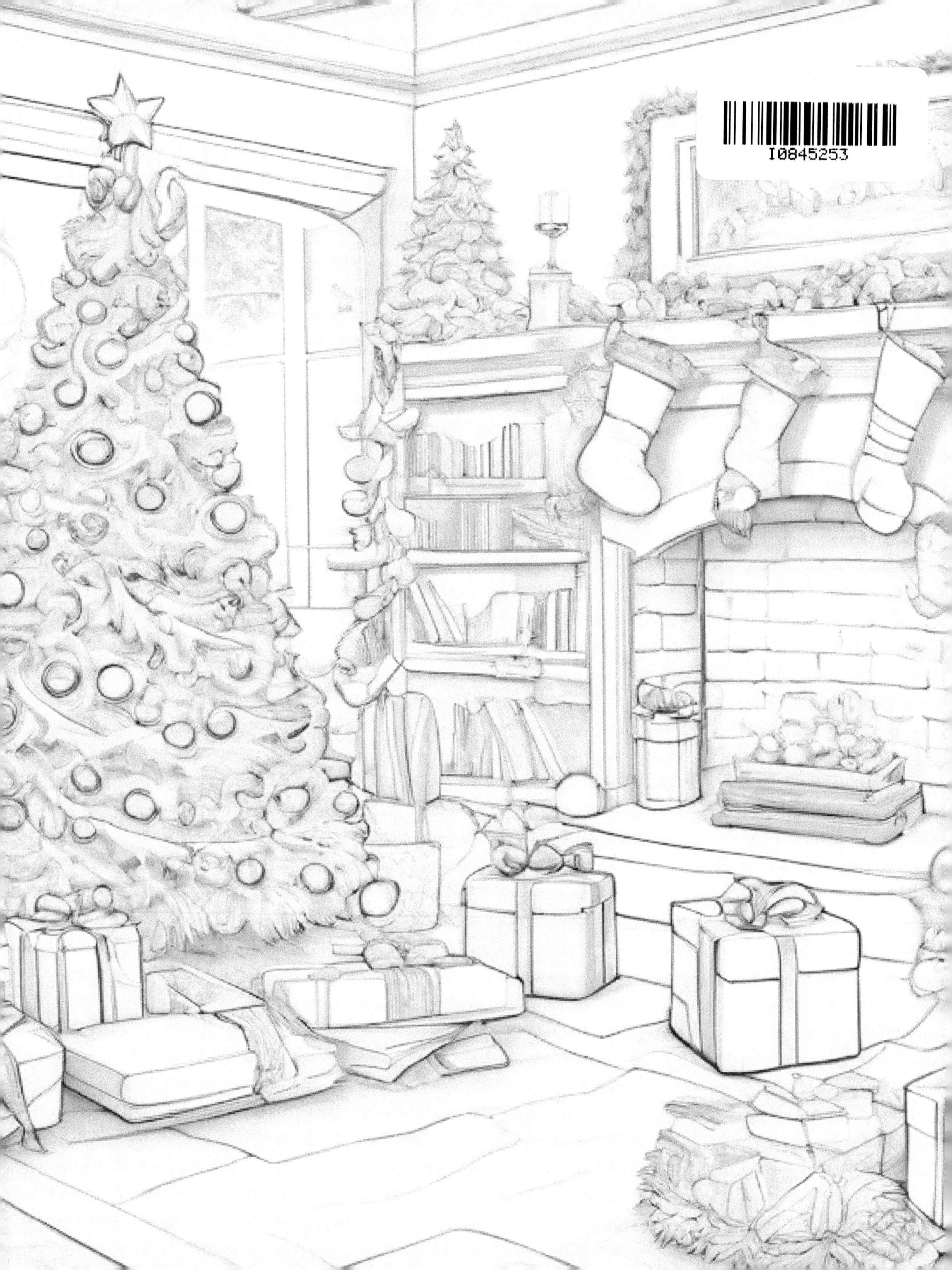
I0845253

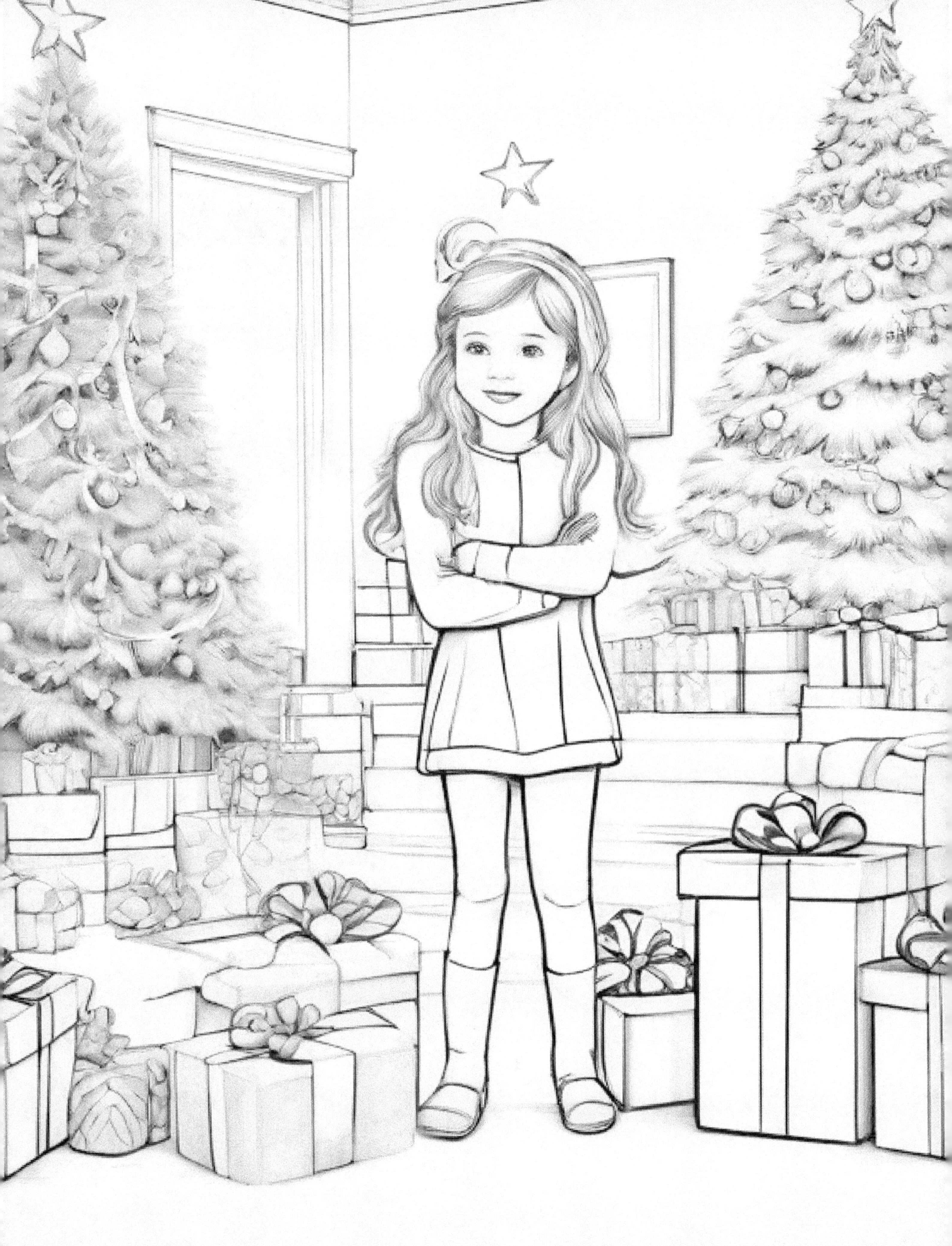

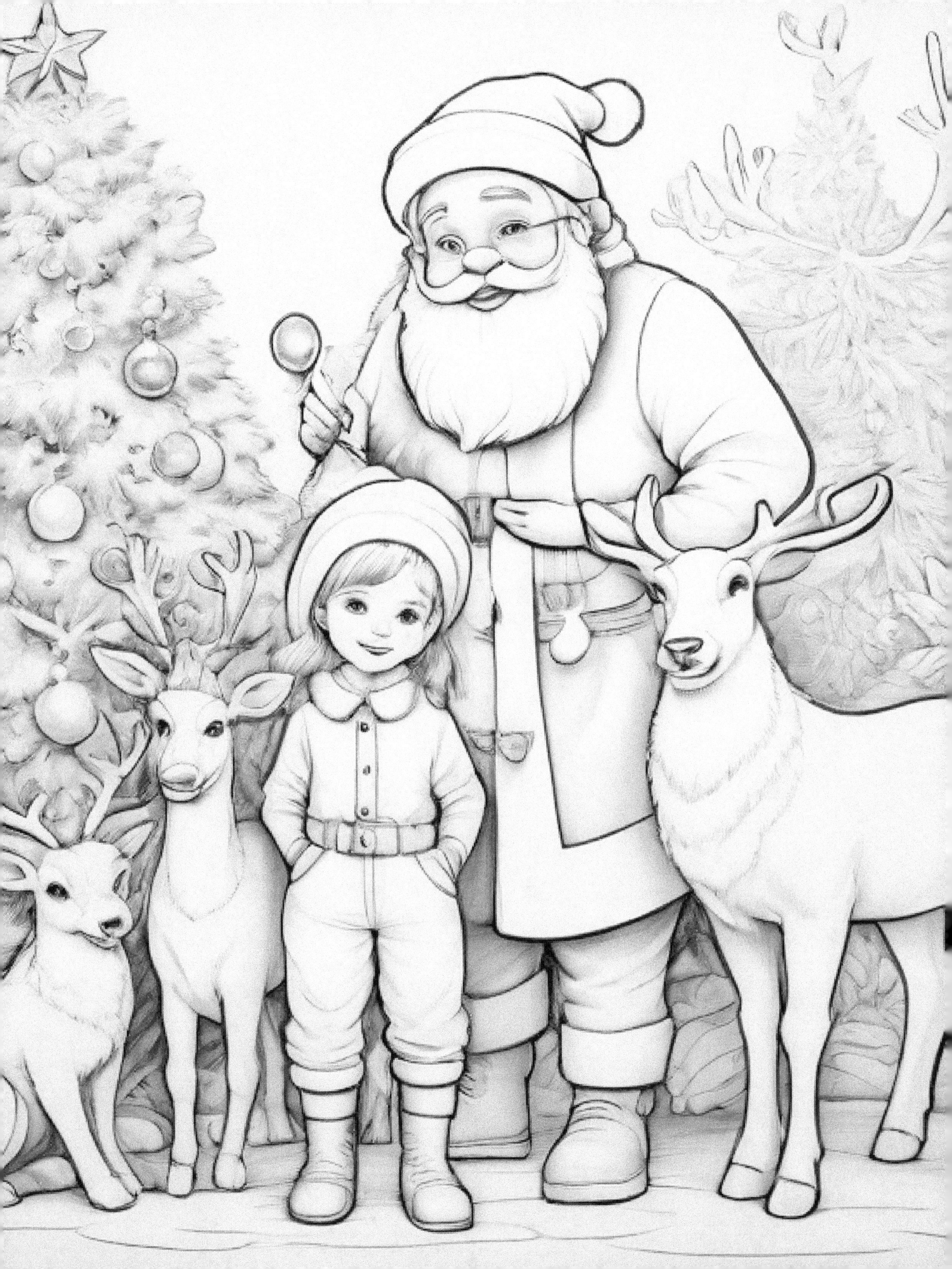

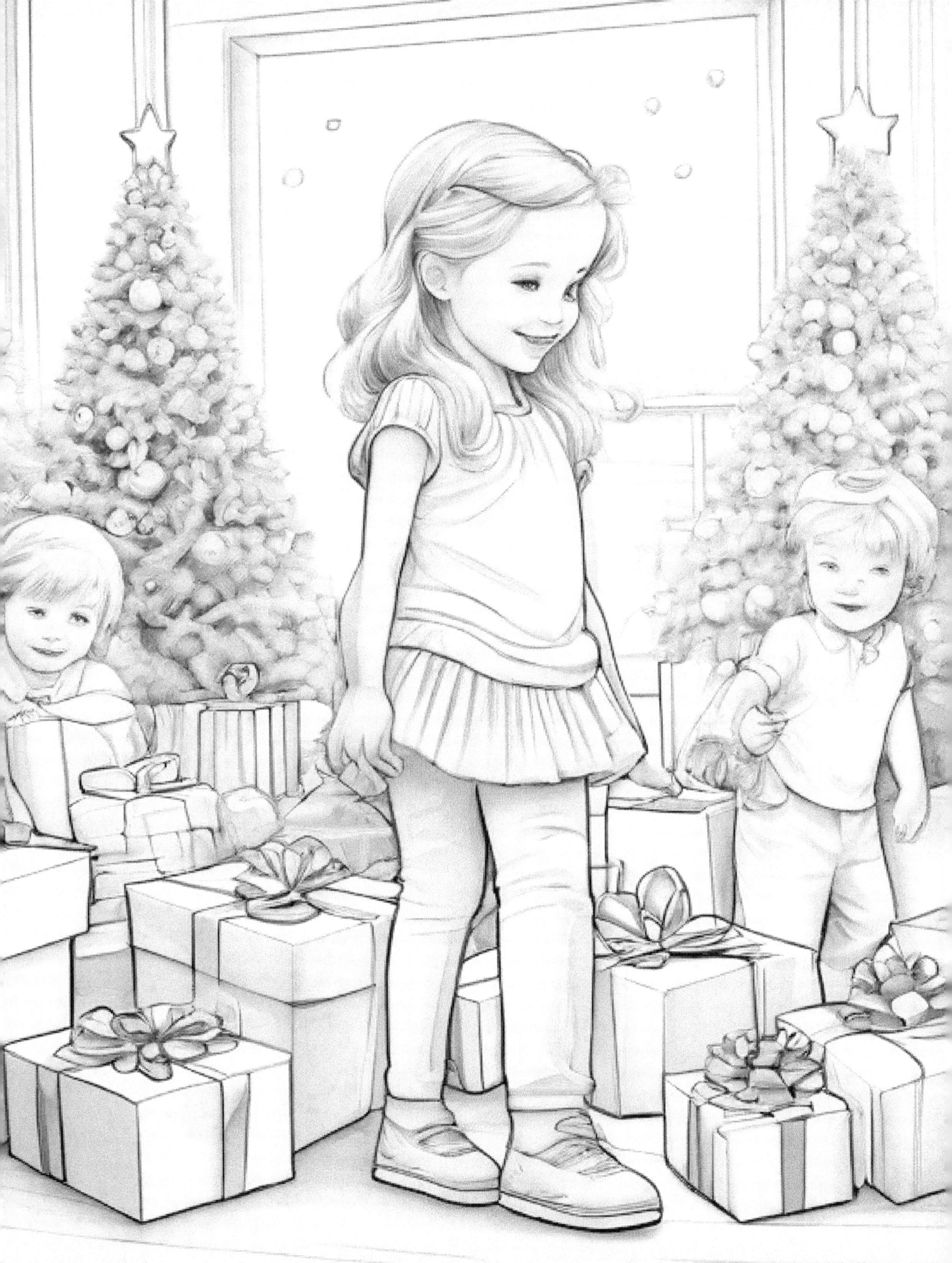

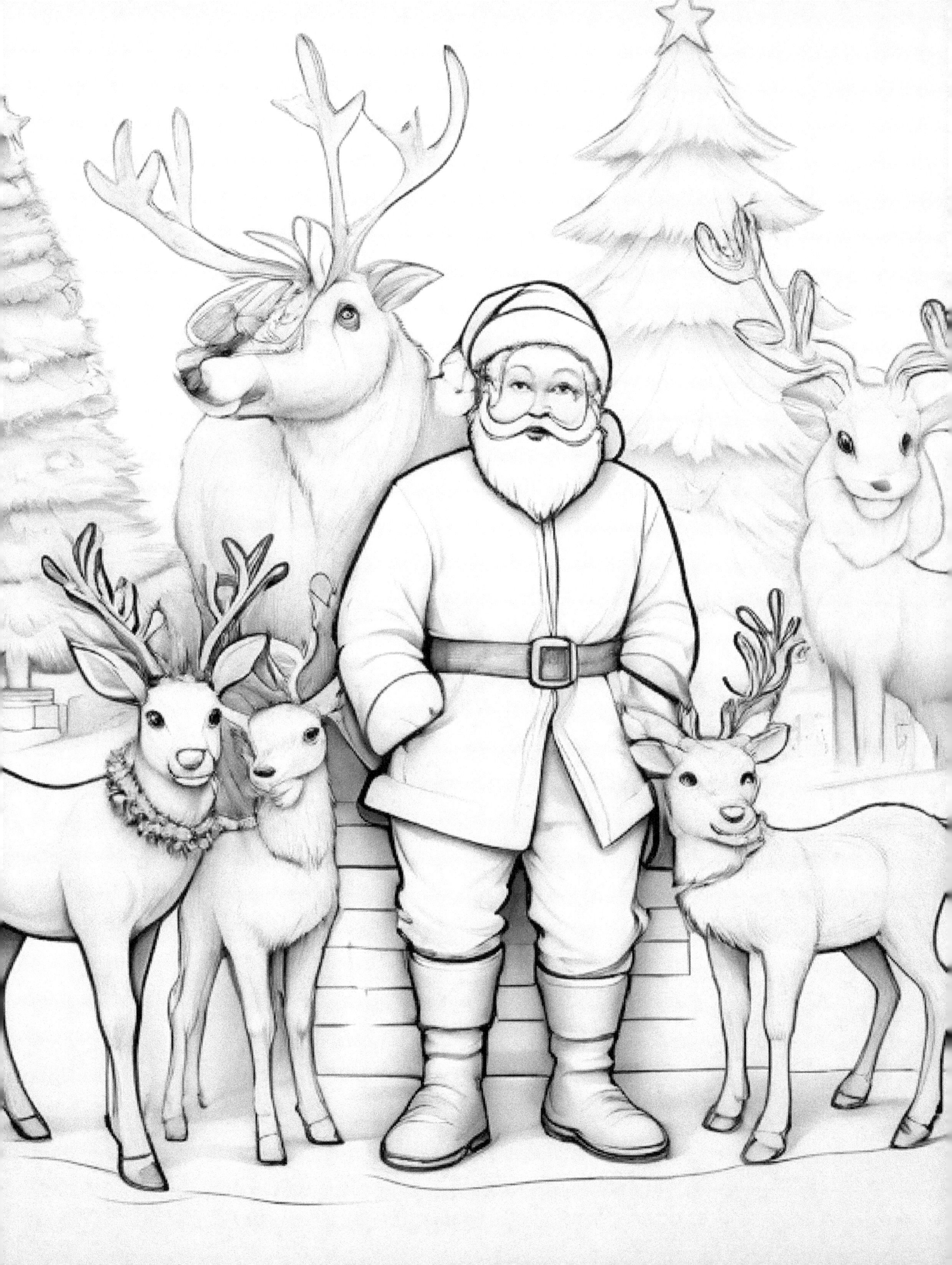

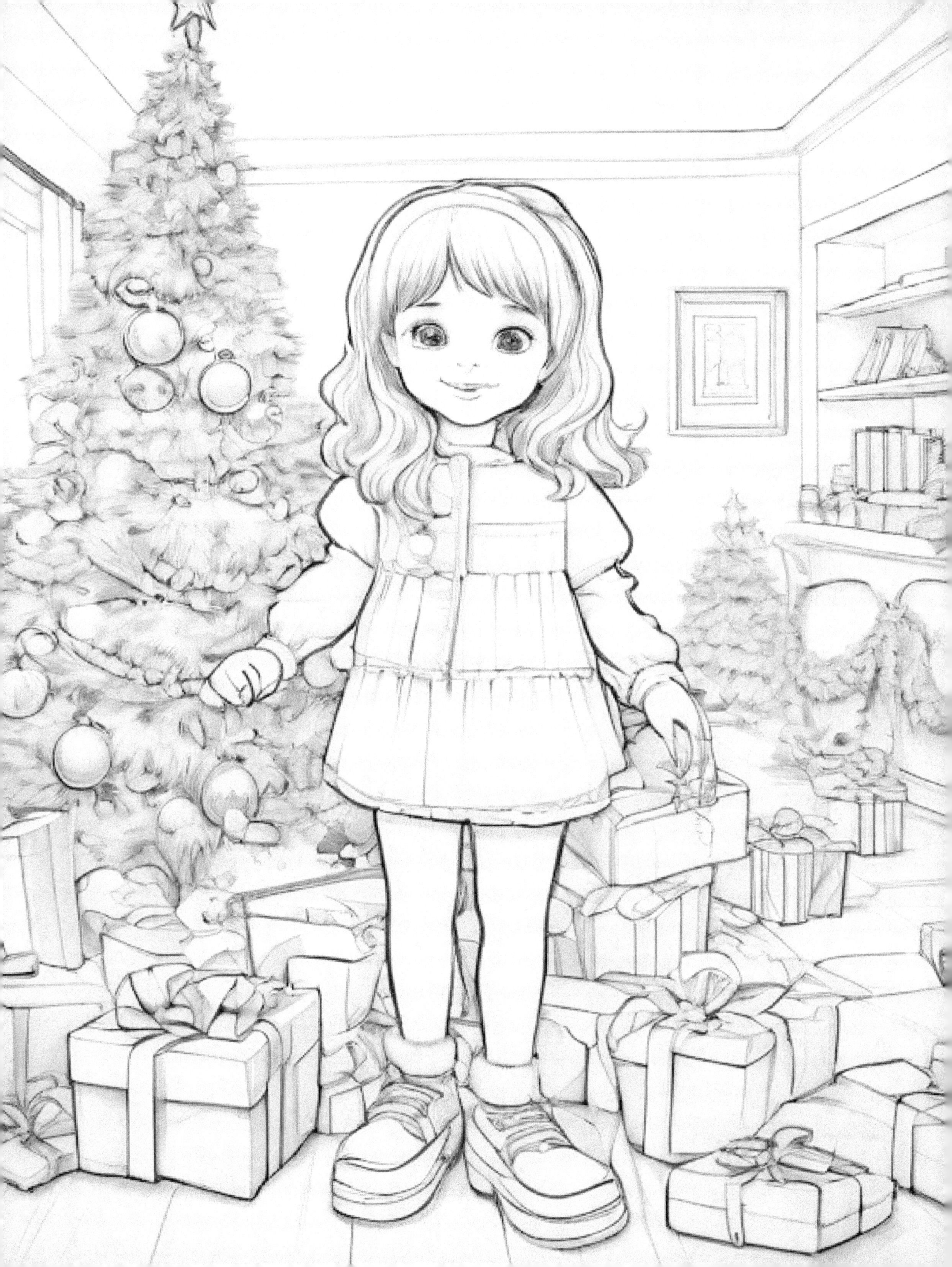

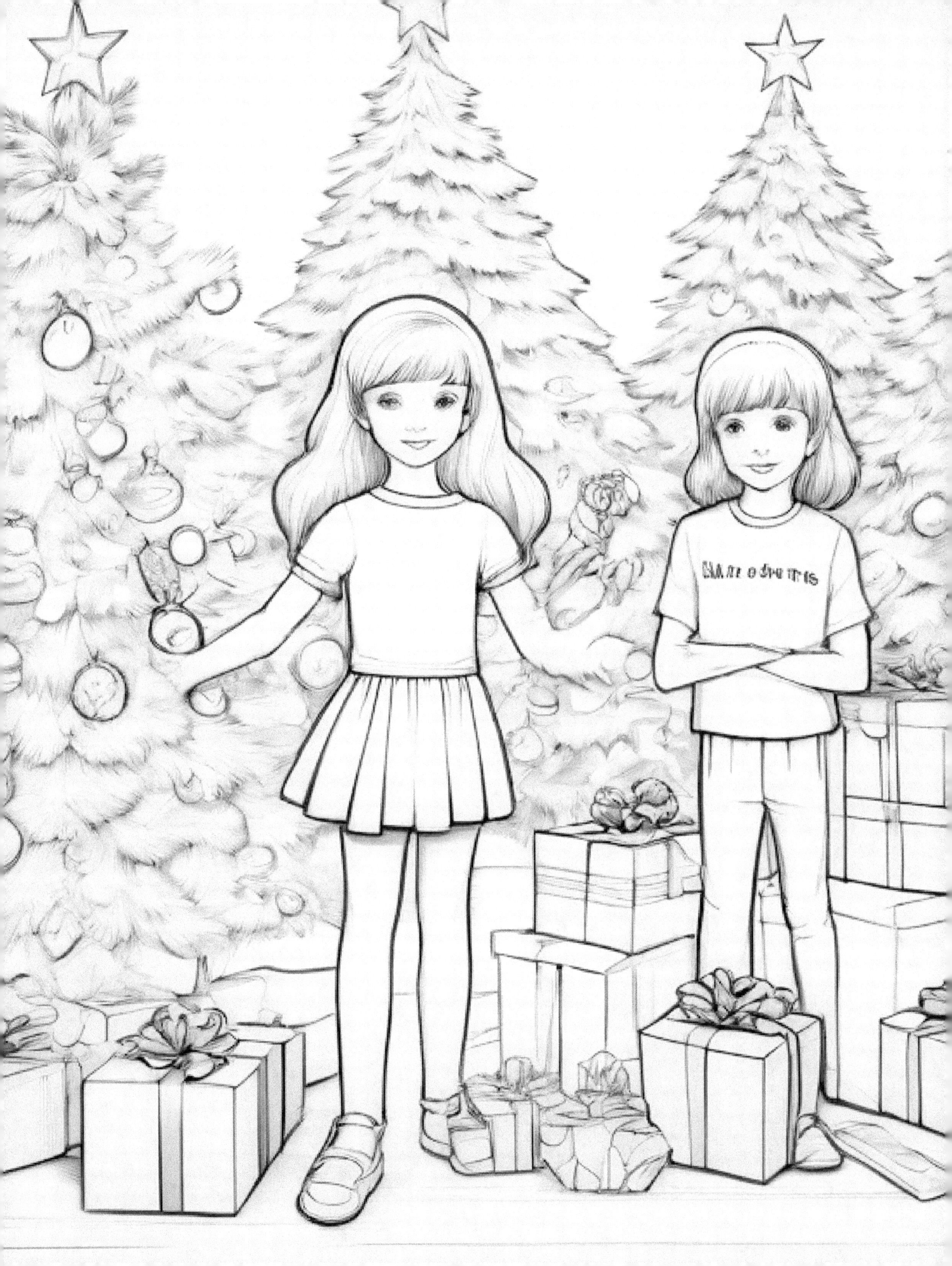

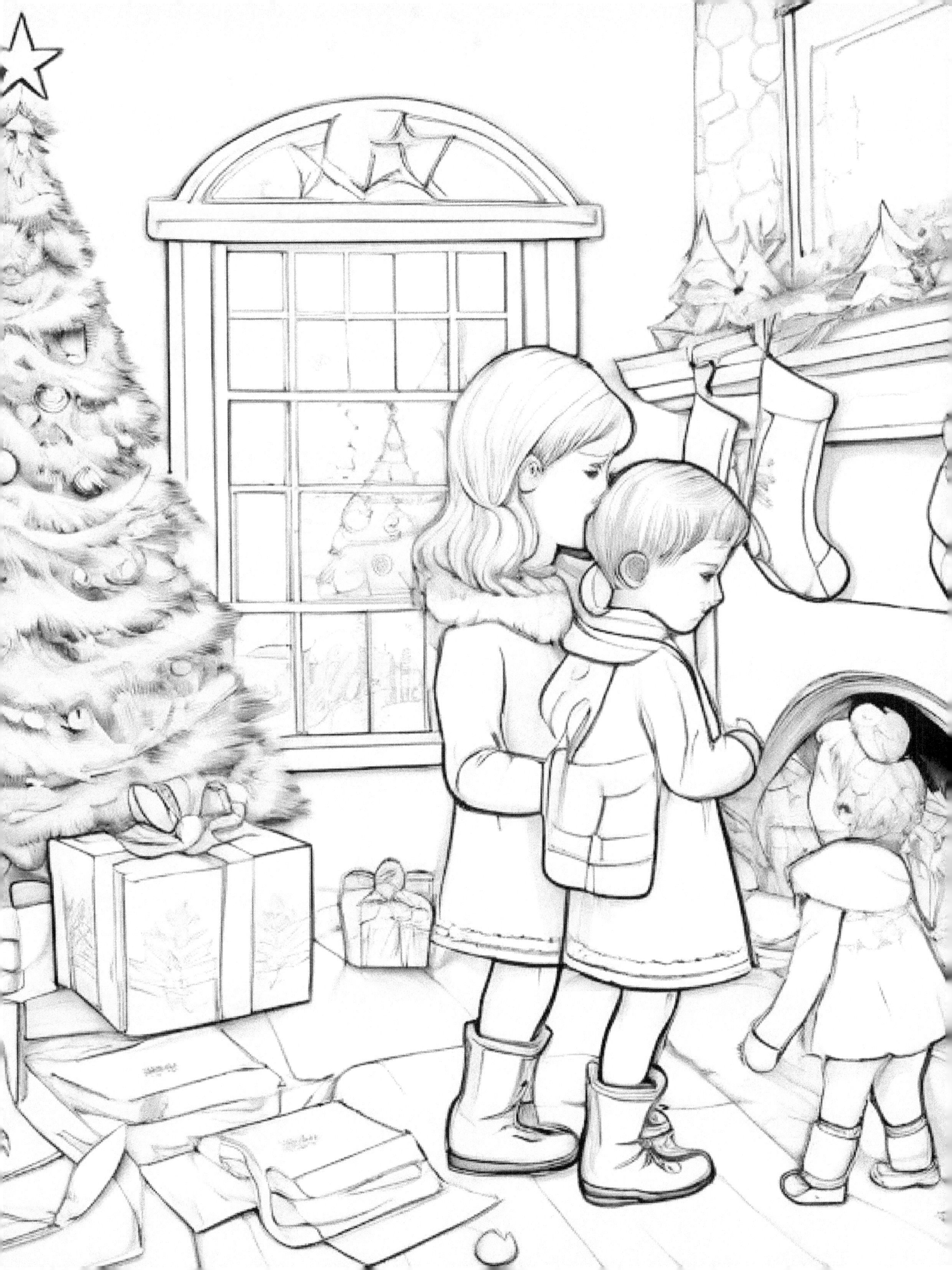

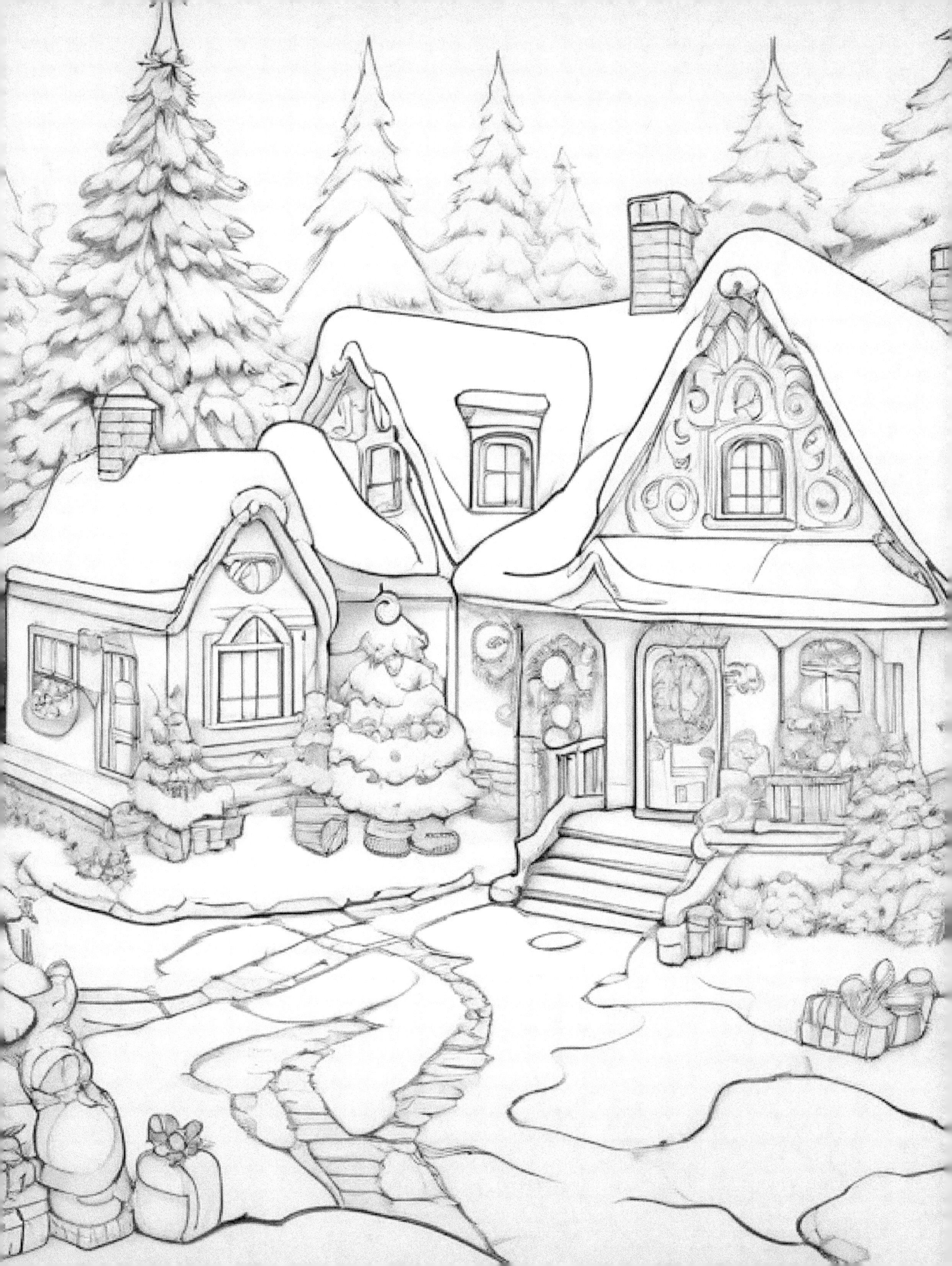

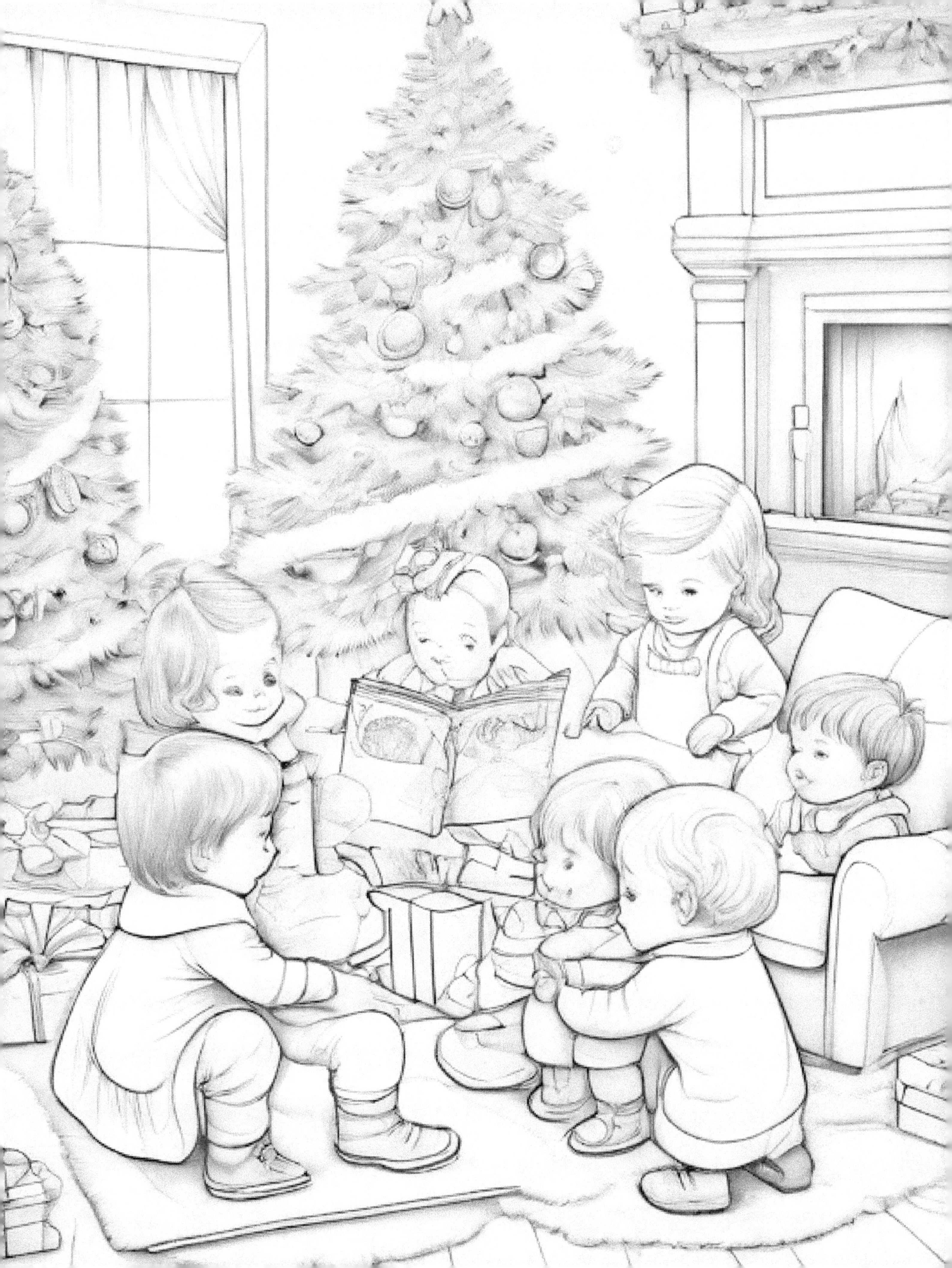

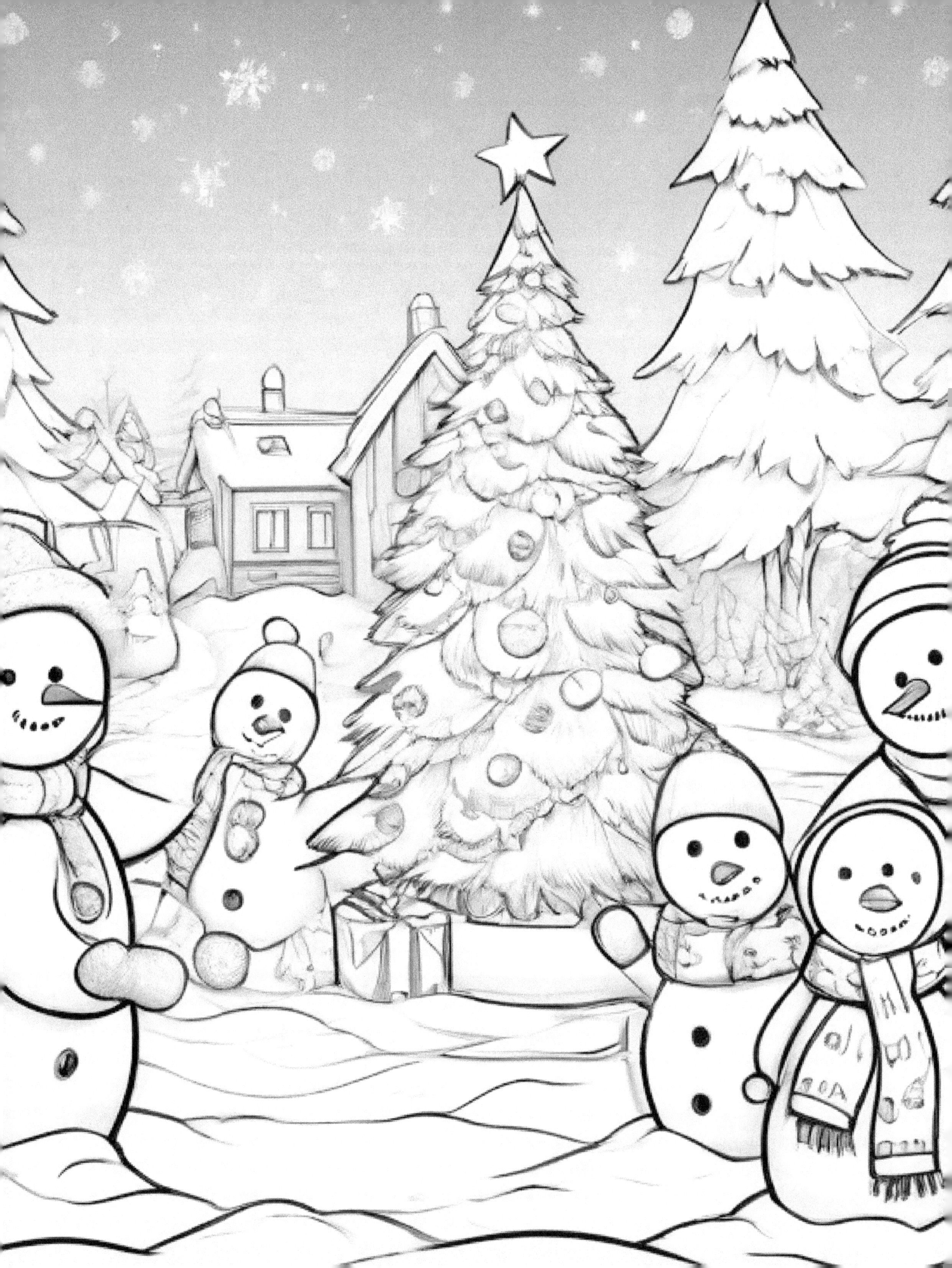

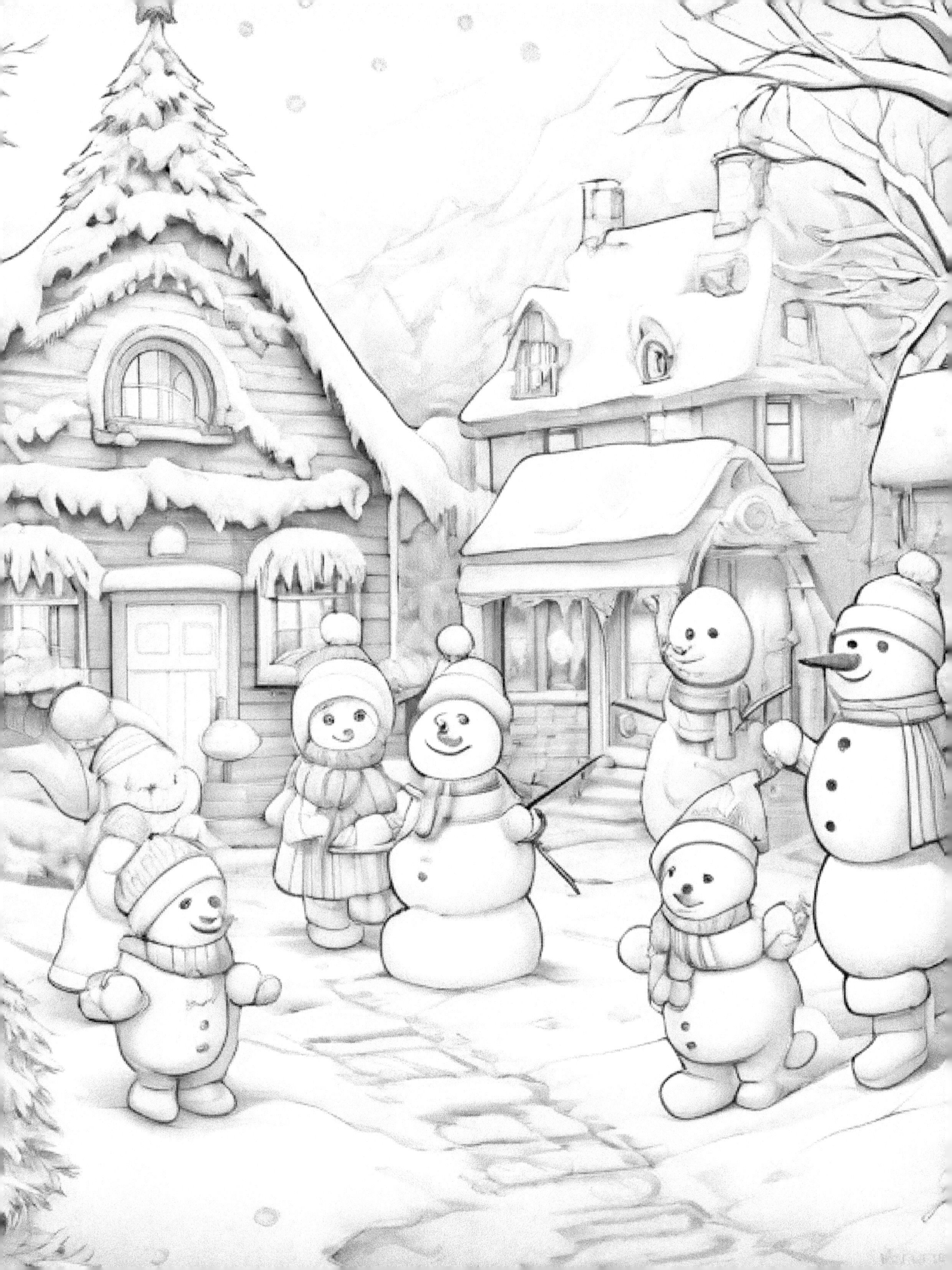

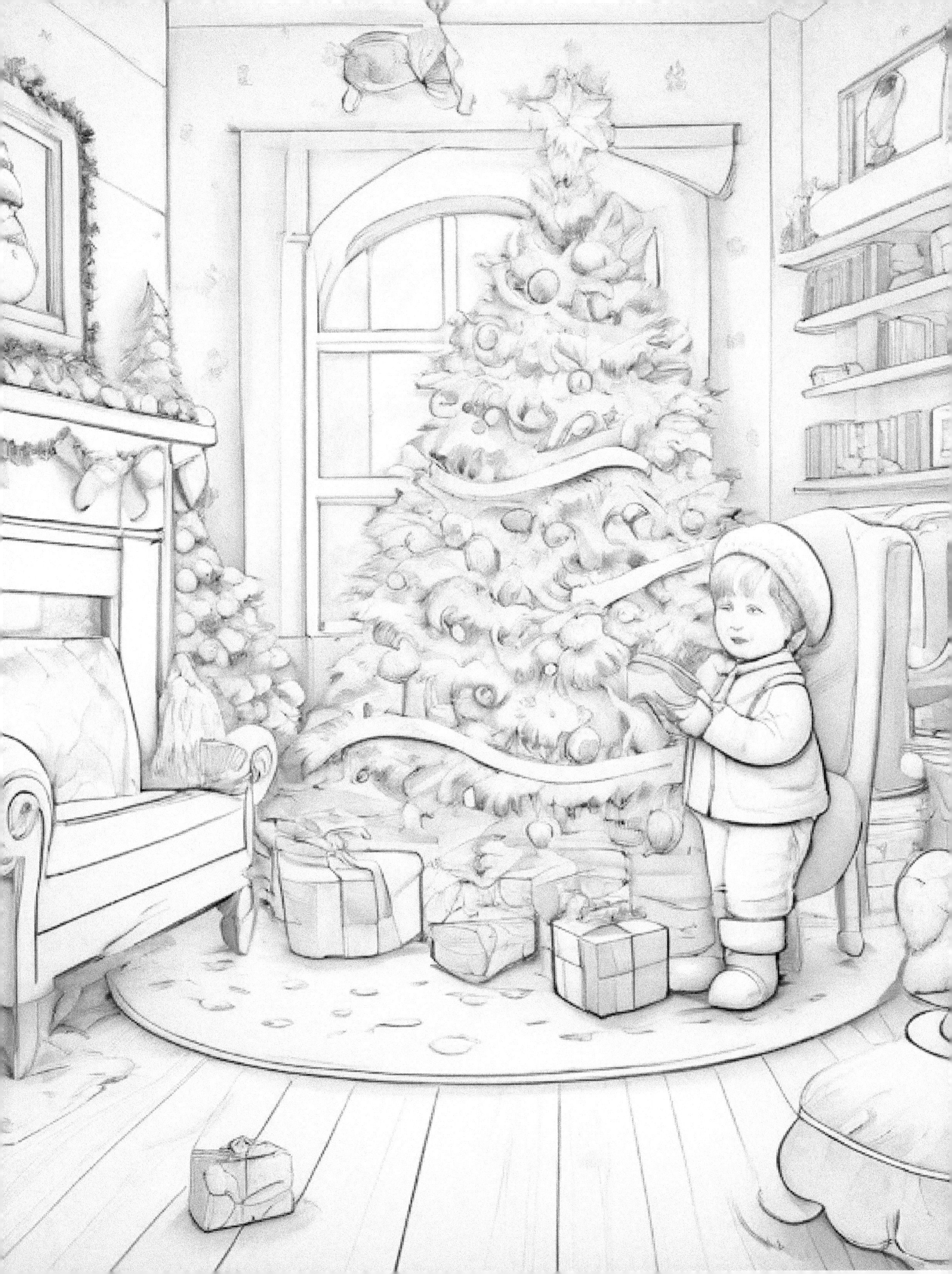

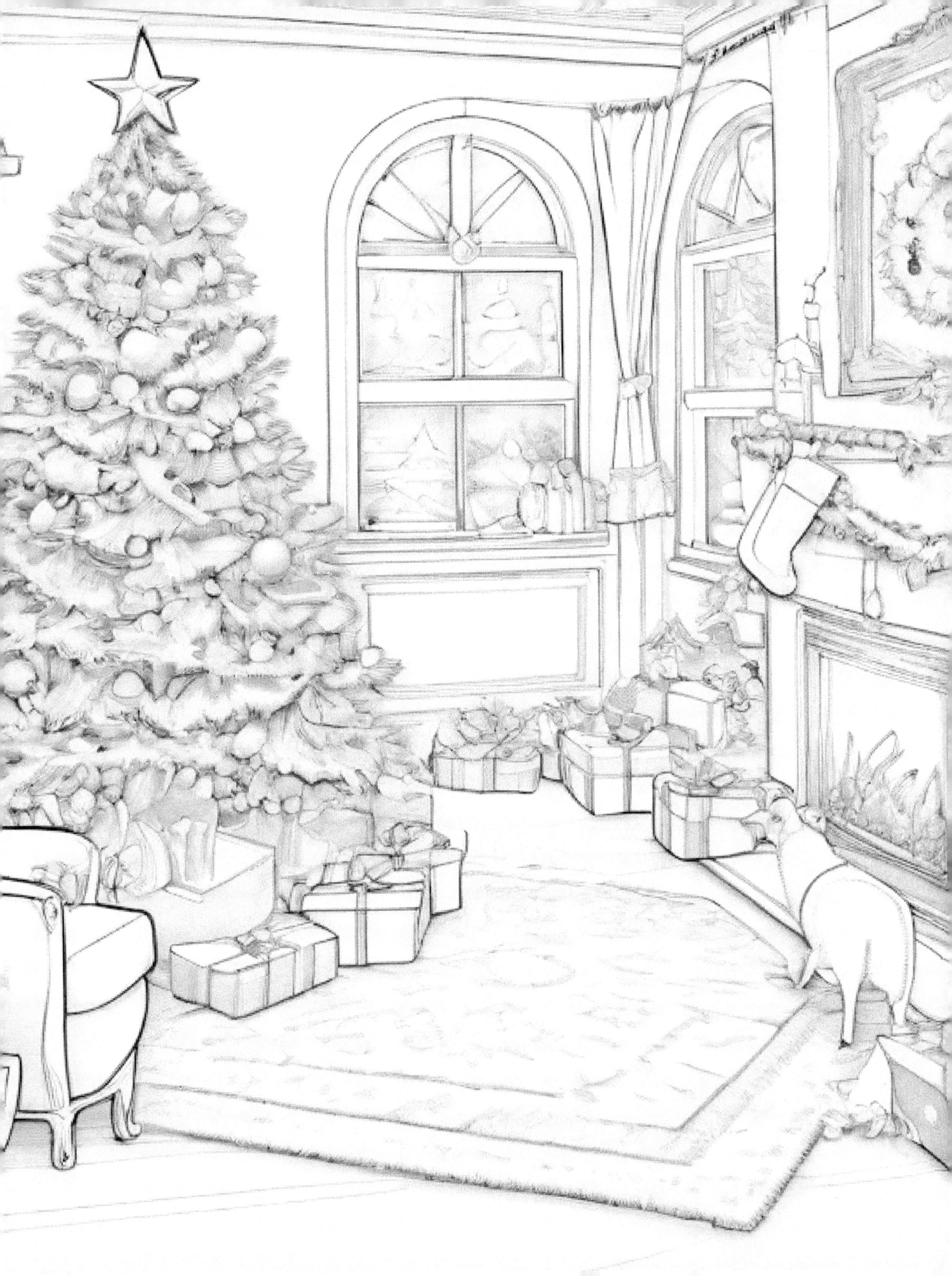

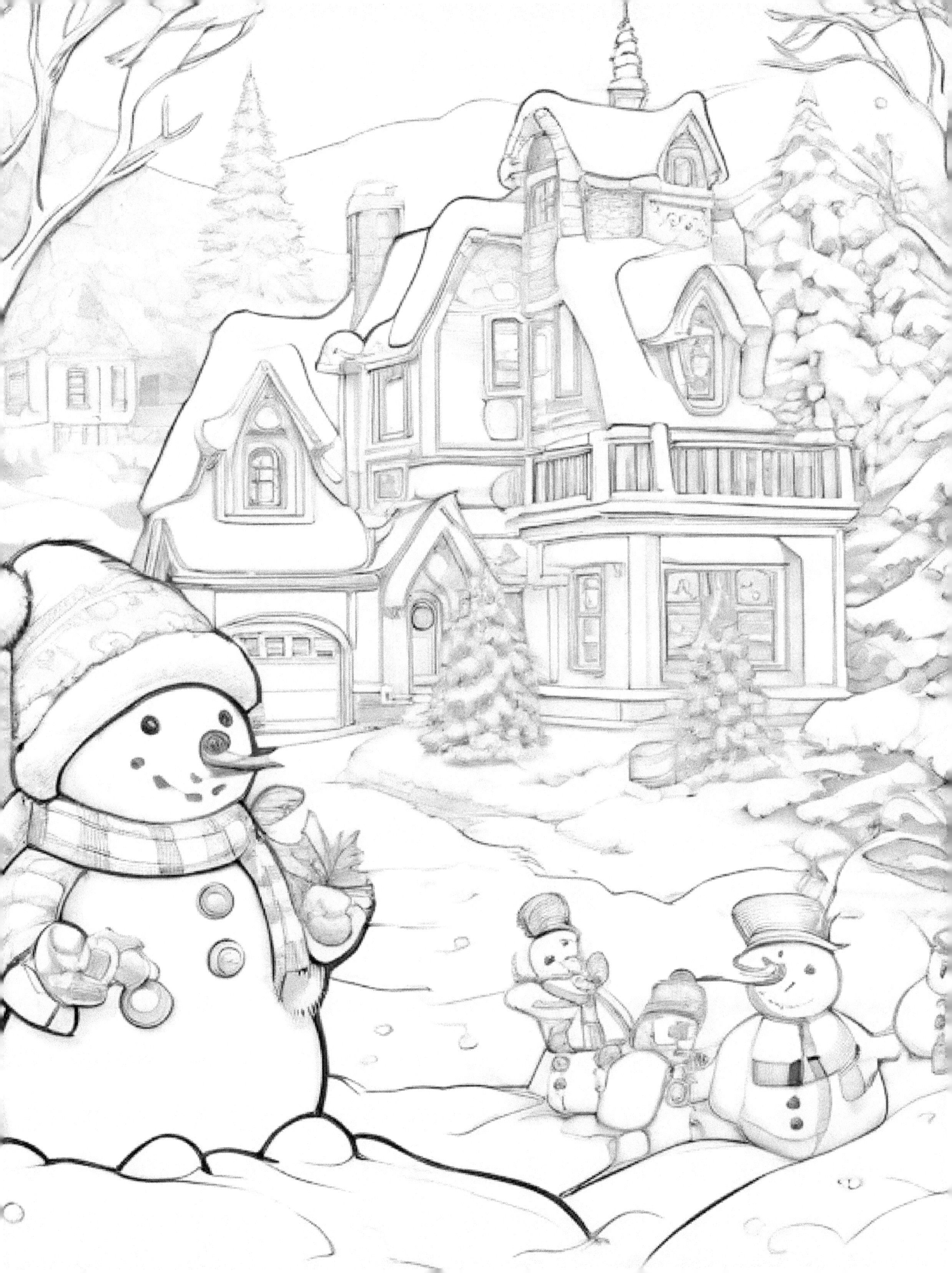

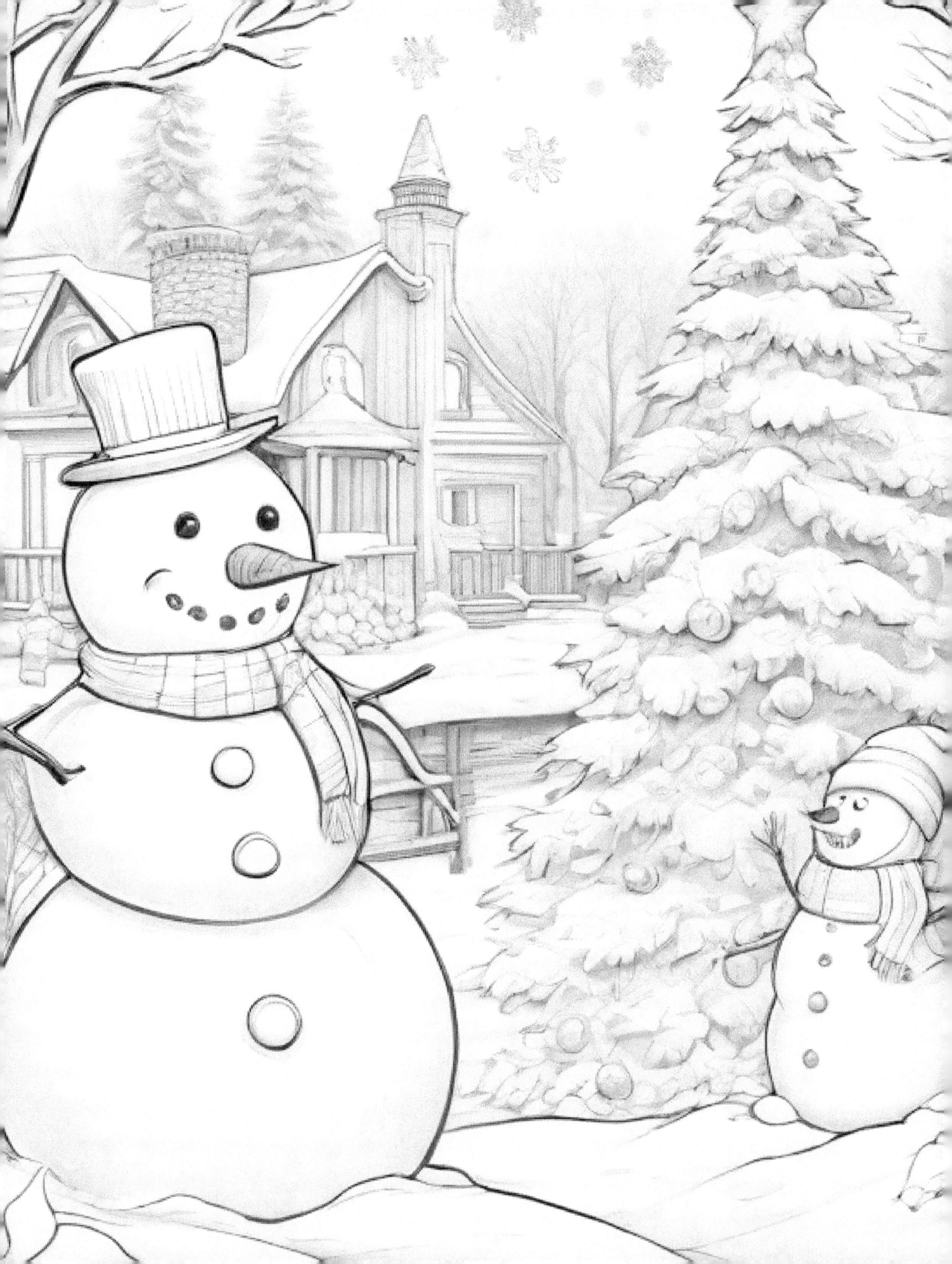

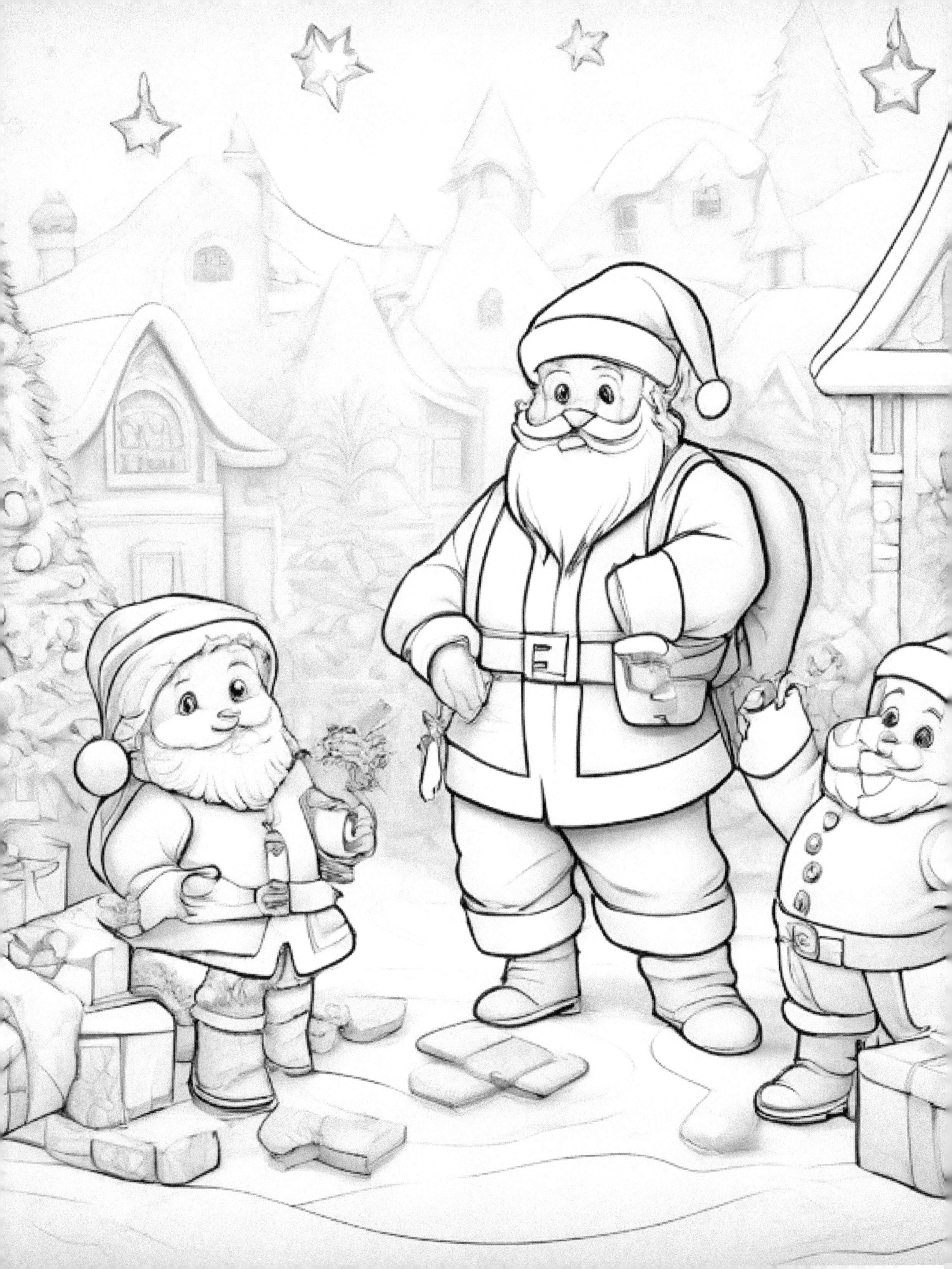

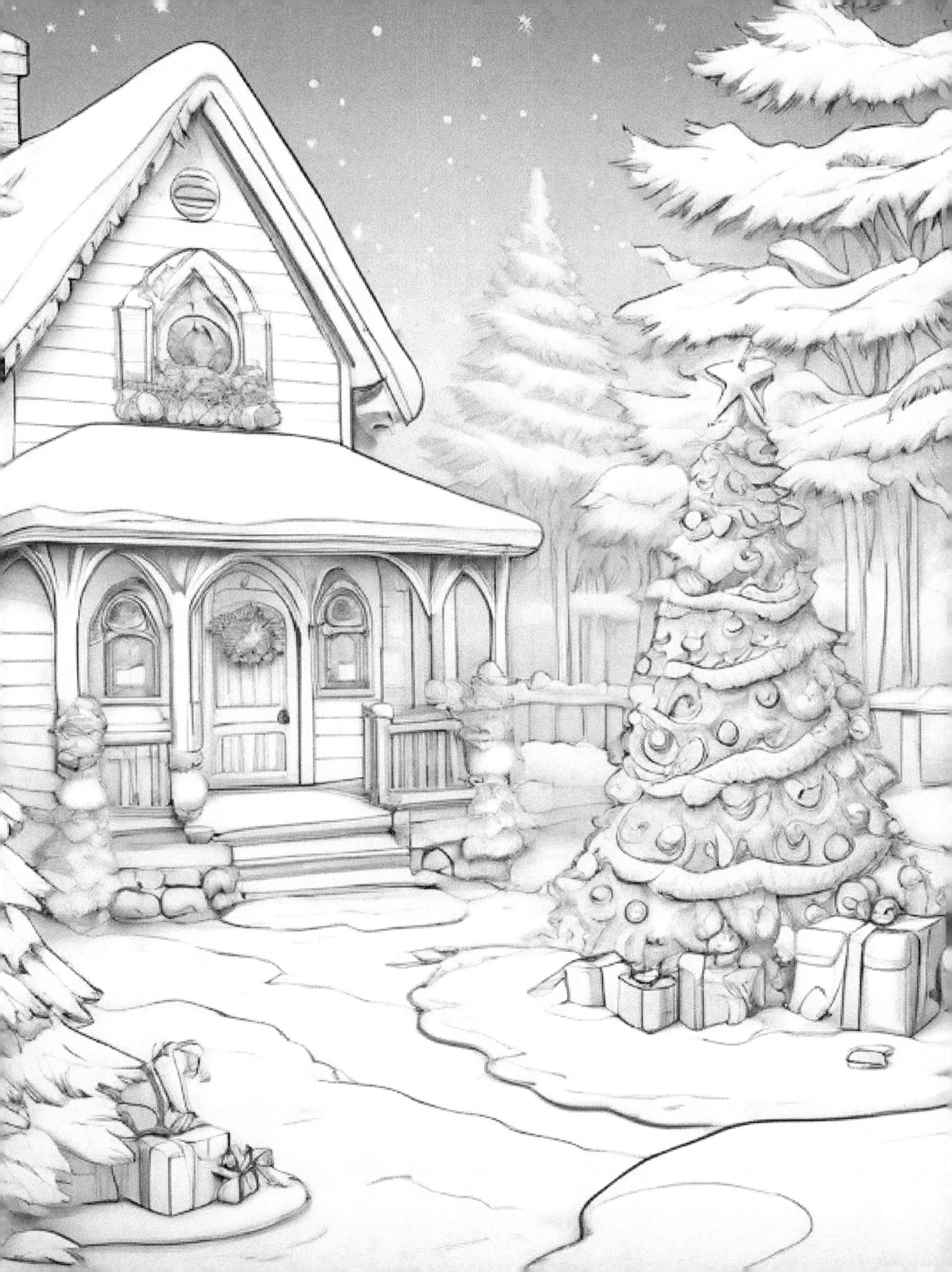

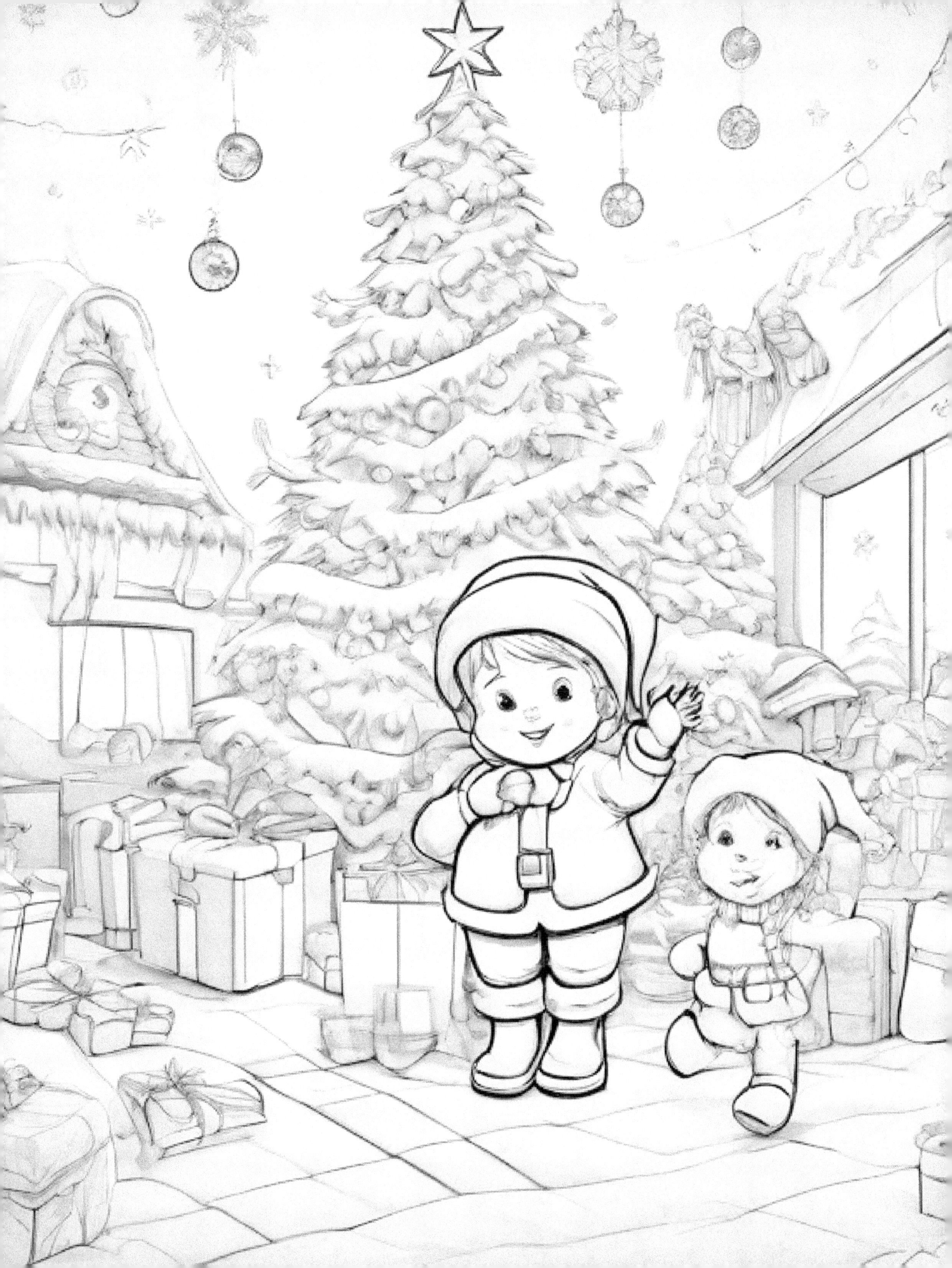

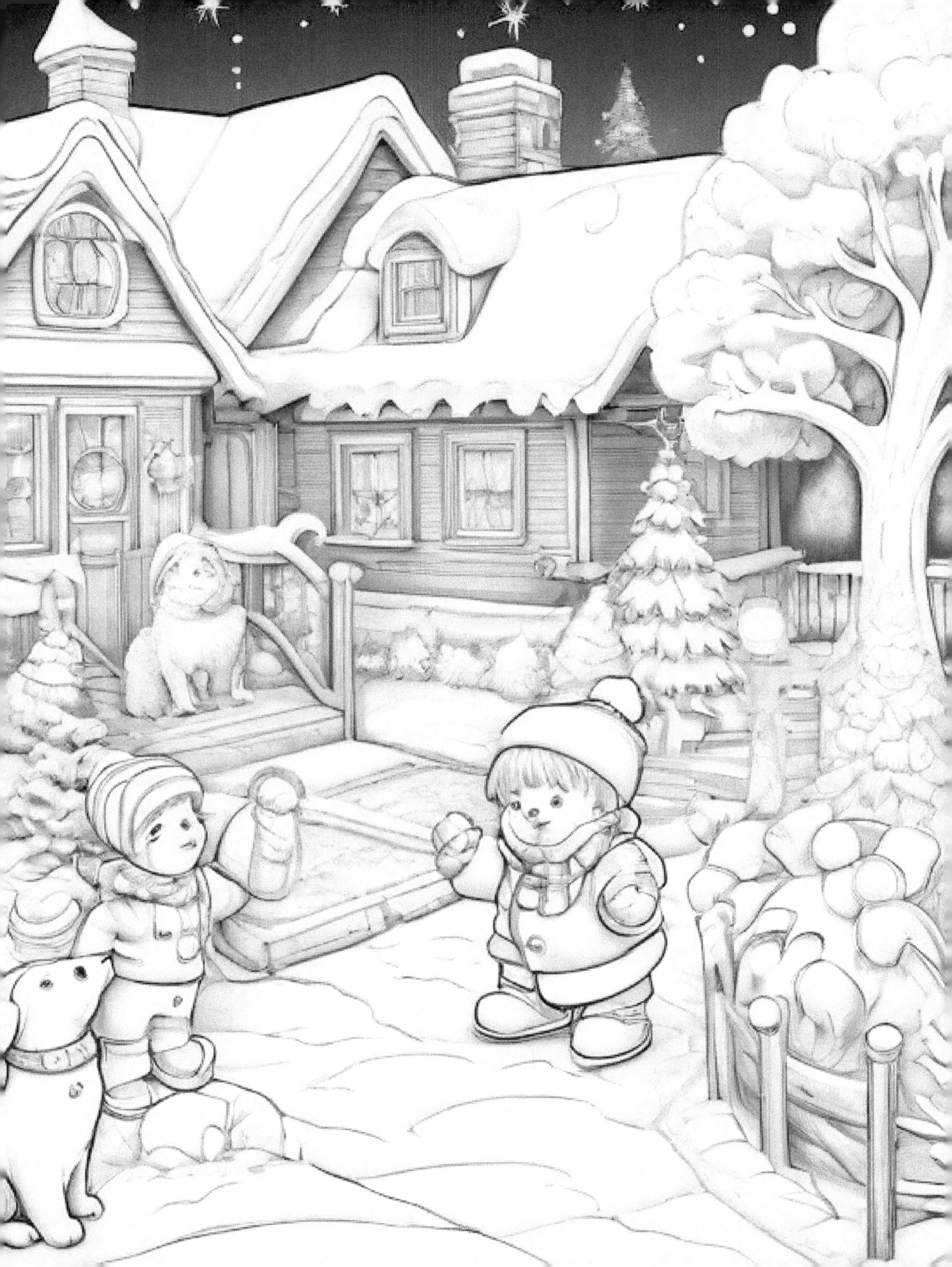

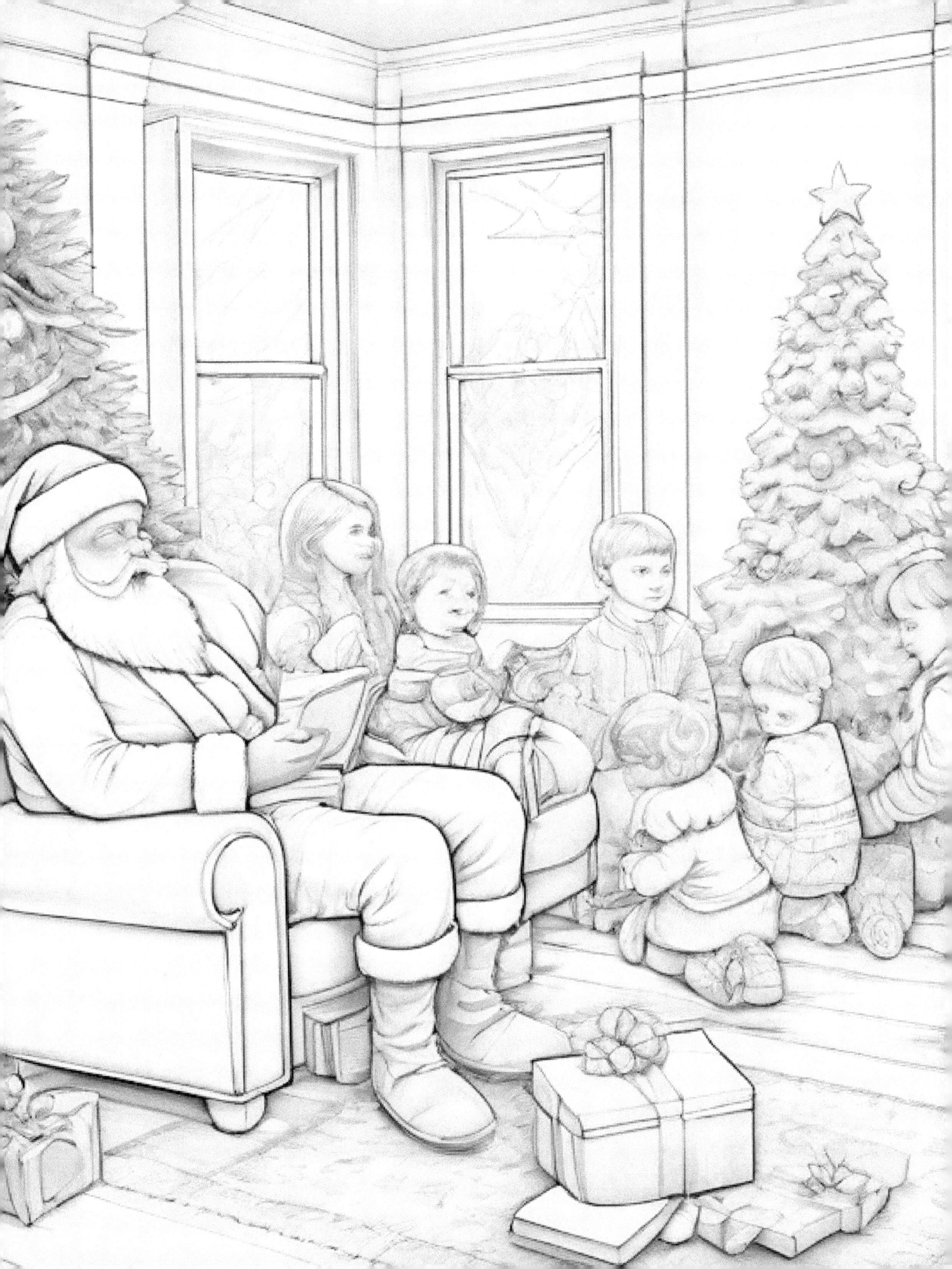

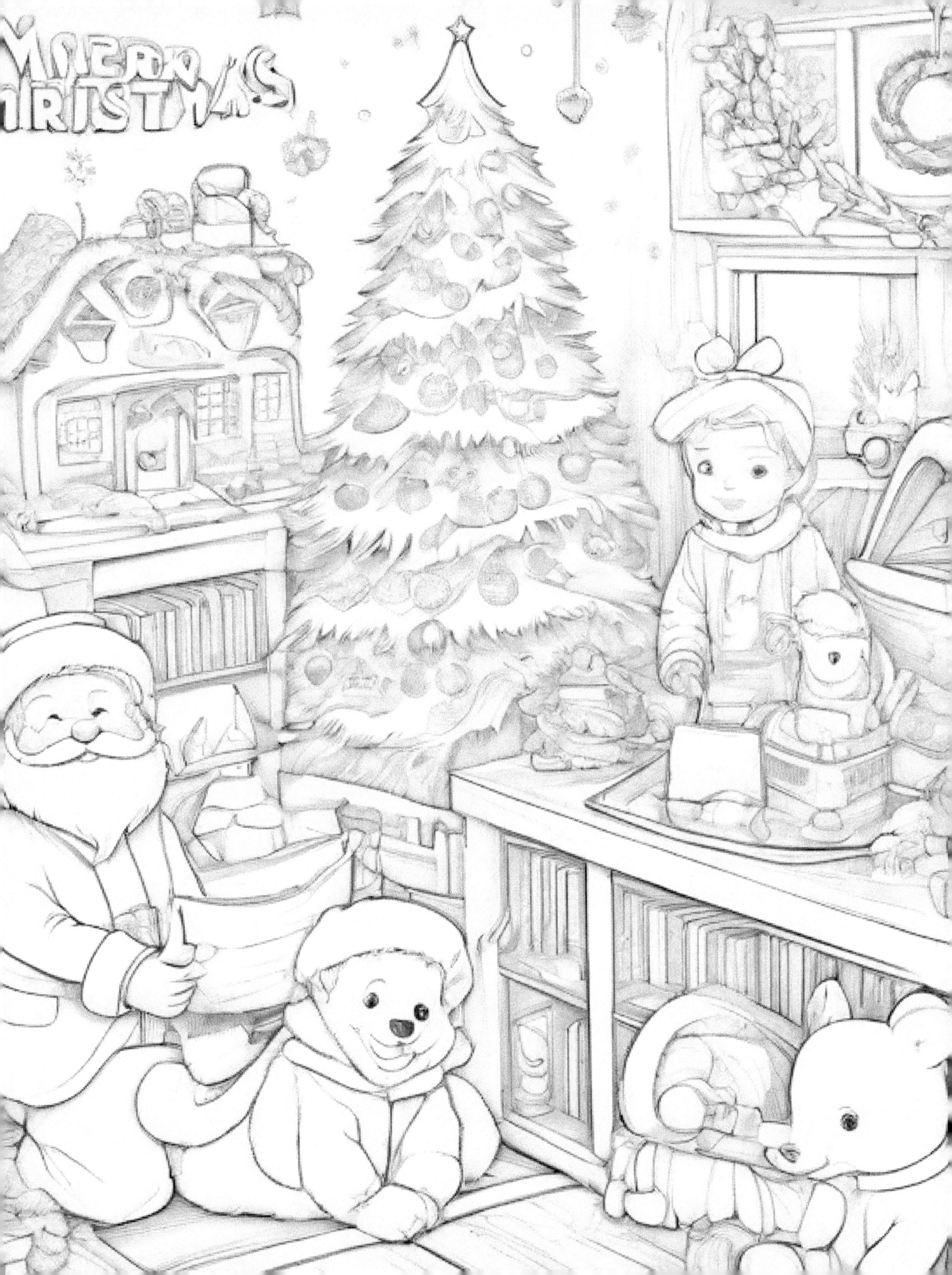

Merry Christmas

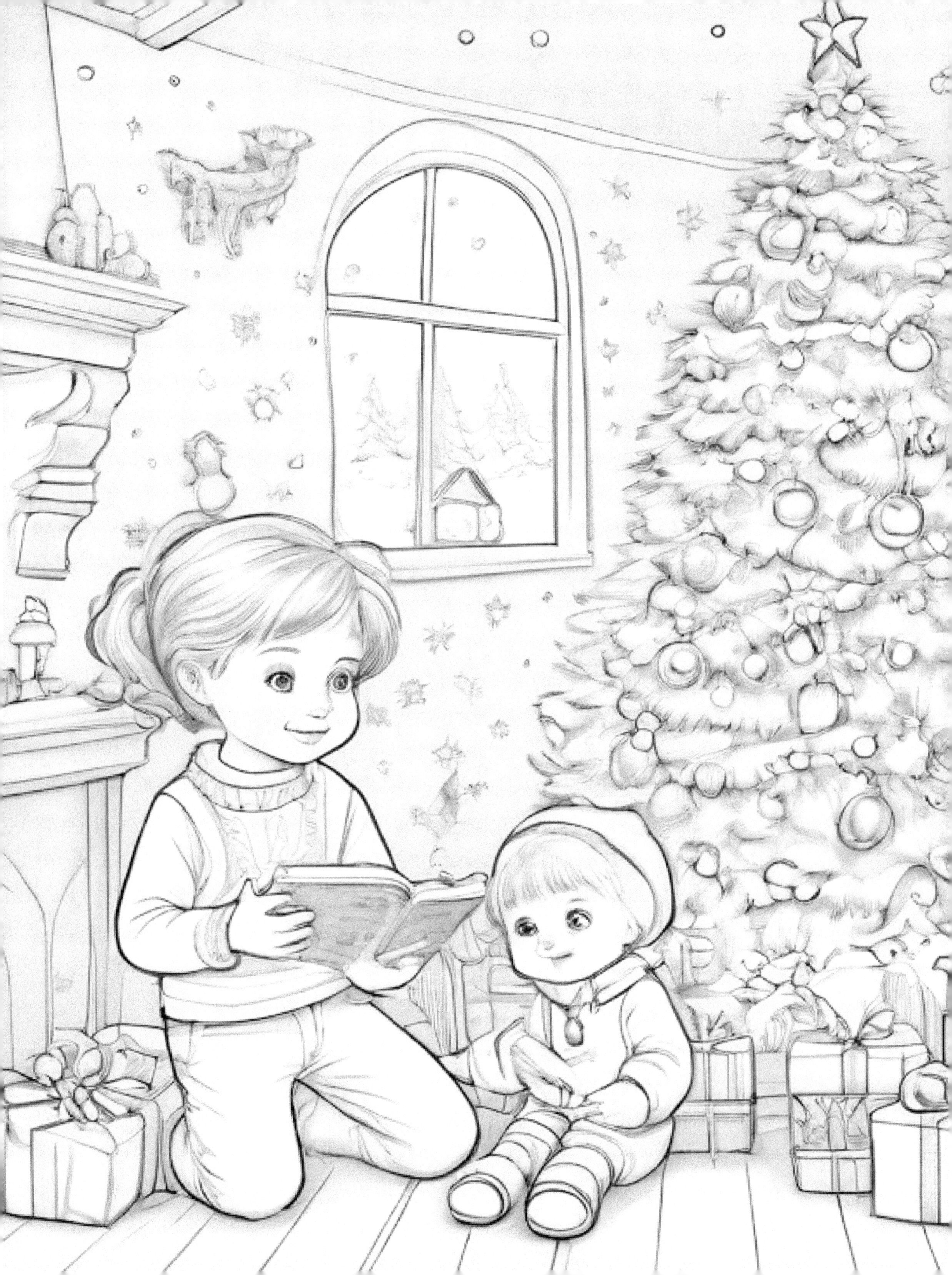

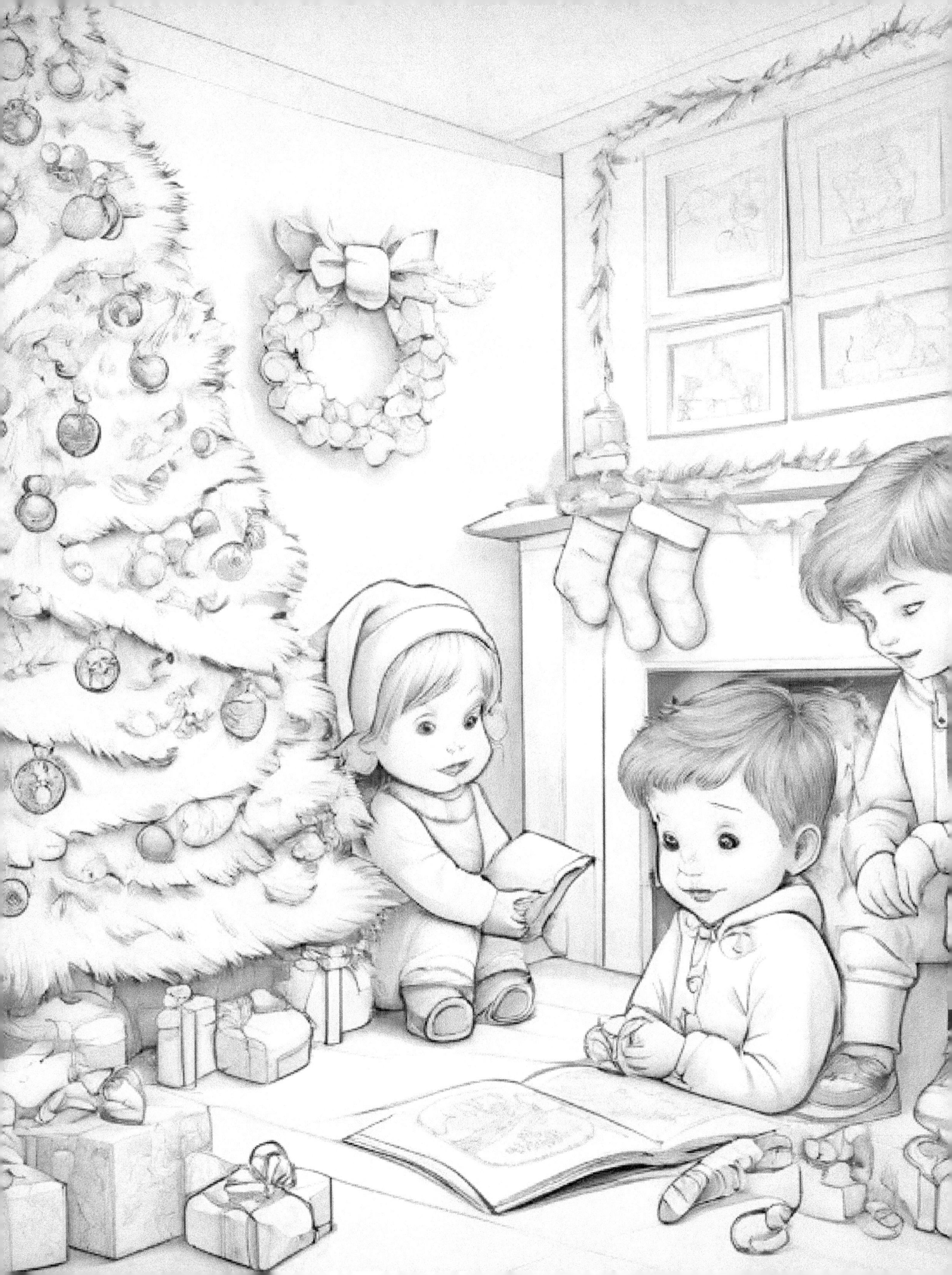

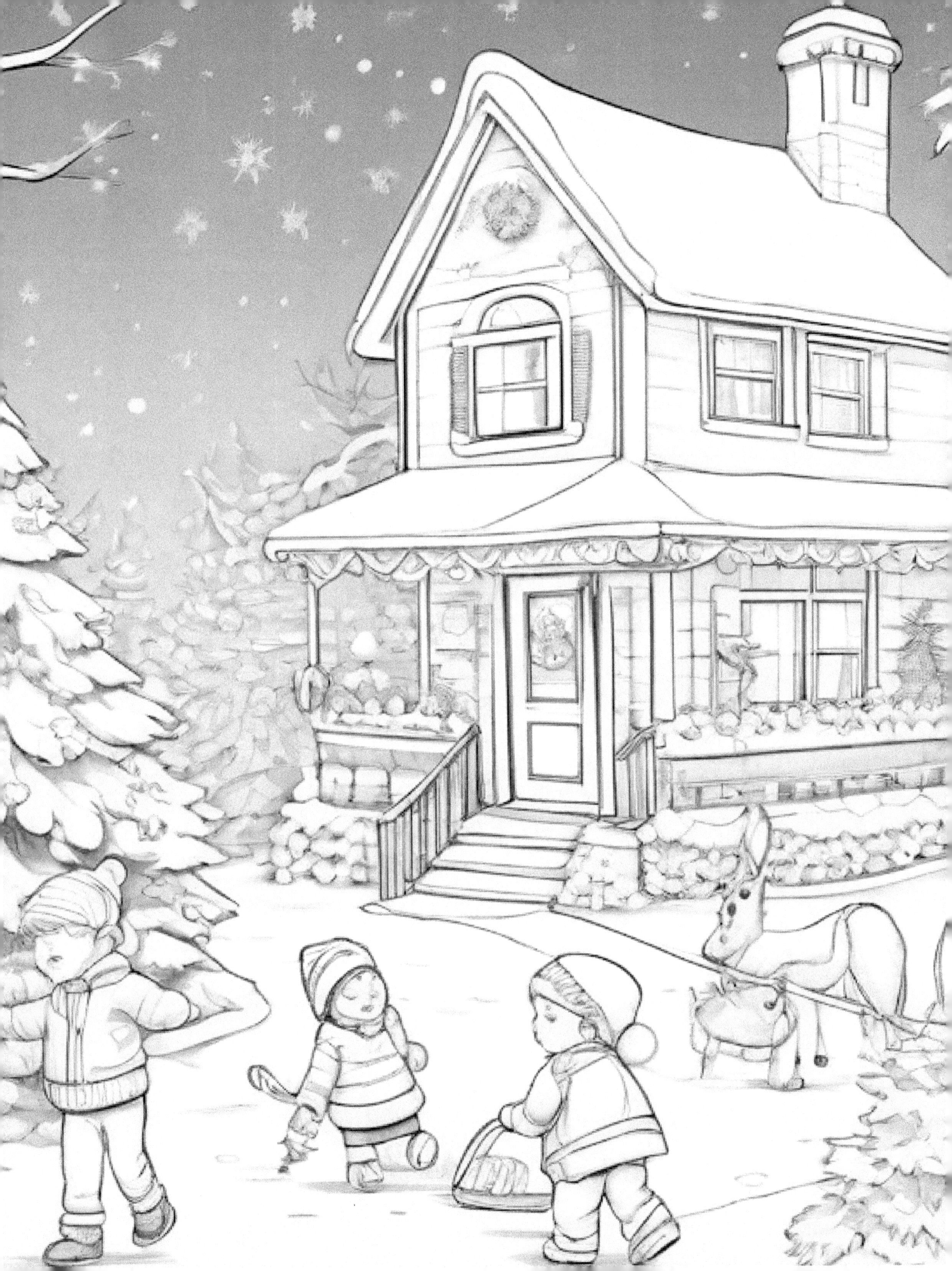

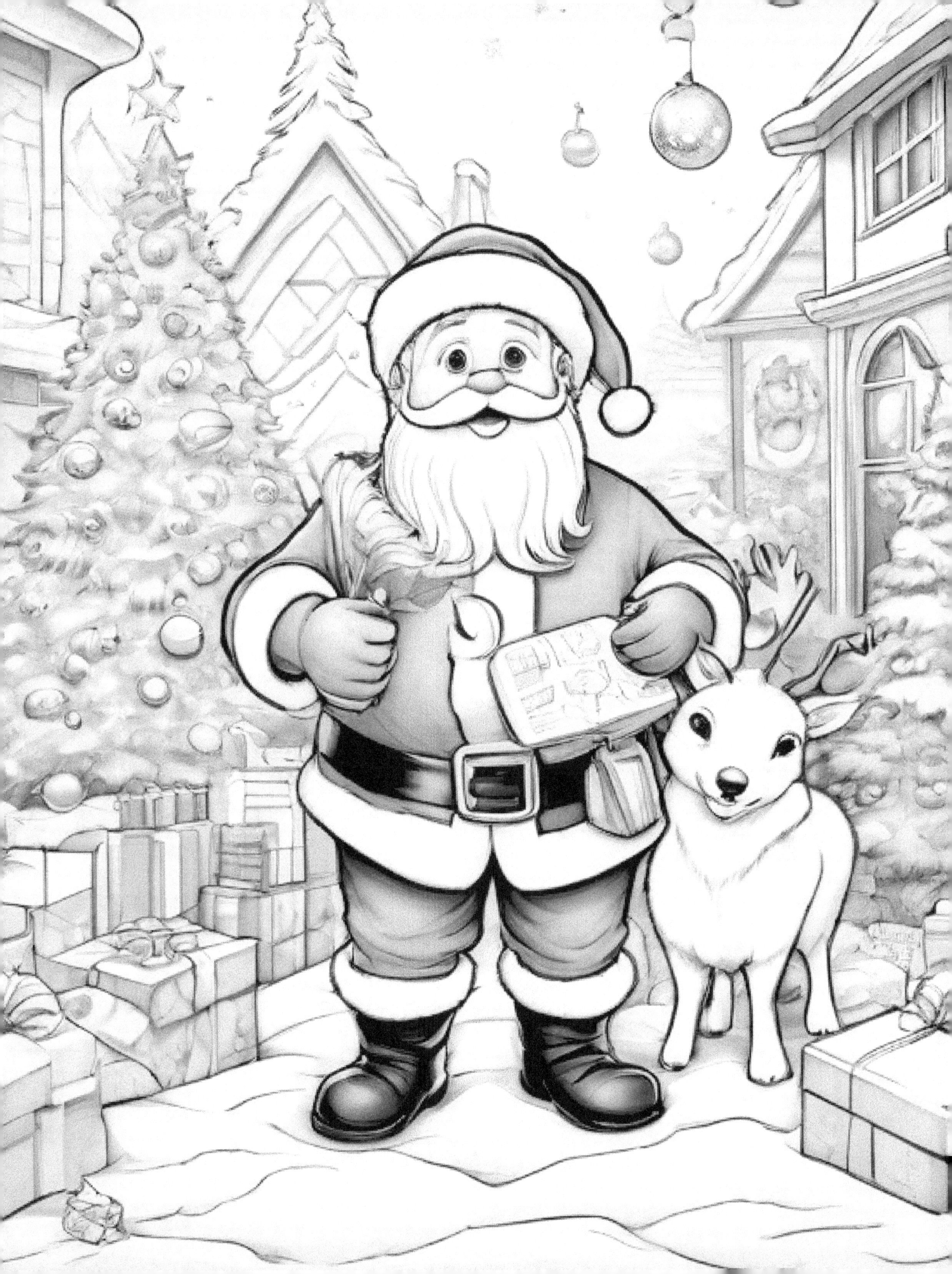

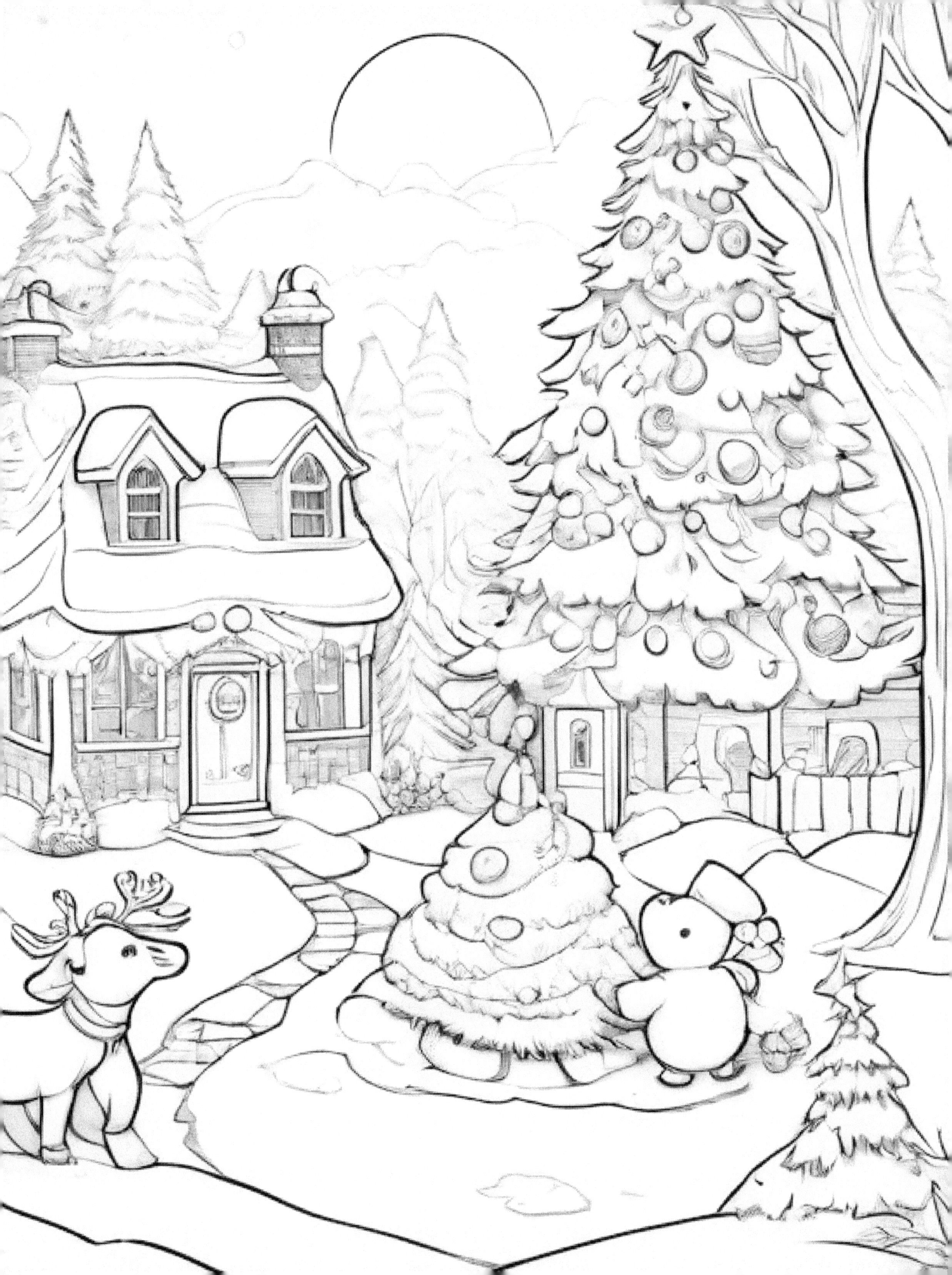